AF243055

NOTICE BIOGRAPHIQUE

SUR

MARTIN ZURBANO,

Par M. M.

LILLE.

IMPRIMERIE DE CAILLEAUX-LECOCQ,
rue Marais, 2.

—

FÉVRIER 1845.

Ce Zurbano, qui remplit l'Europe du bruit de son nom
et qui vient de finir si misérablement sa vie, n'est guère
connu en France.

On a souvent parlé de sa férocité, on a dit qu'il avait
échangé la camisole de condamné contre l'écharpe de
général.

Tout ceci est fort vague; et personne, jusqu'à pré-
sent, (1) n'a mis sérieusement au jour la vie de cet homme,
véritable série de crimes et de brigandages.

Ces forfaits ont été exécutés sur une échelle plus vaste
depuis que nos malheureuses discordes civiles sont
venues leur prêter une teinte politique, leur mériter
l'impunité, des récompenses même.

(1) L'*Illustration* a consacré plusieurs articles au portrait de
Zurbano ; ils ne sont remarquables que par les contradictions,
les anachronismes, et surtout par les inventions romanesques au
moyen desquelles on a cru suppléer au manque d'informations
précises.

Quelle honte pour l'Espagne ! quelle honte surtout pour son armée de se voir commandée par de tels hommes qu'une révolution seule a pu mettre en évidence !

Narvaez, interpellé dernièrement au congrès espagnol sur la levée de boucliers de Zurbano, a dit :

« Ce misérable n'a fait que recommencer son ancien métier ; la révolution seule a pu, pour prix de quelques exploits, ceindre l'écharpe de général à celui qui a fait son apprentissage dans la contrebande et déployé son talent dans la carrière du crime ! »

Tout en rendant justice à la pudeur politique qui a dicté à Narvaez cette répudiation, je ne puis cependant me dispenser de faire remarquer qu'il y a plus de solidarité qu'il ne voulait le faire croire entre lui et Zurbano. En effet, cette révolution qu'il accuse si dédaigneusement d'être la cause de l'élévation du bandit riojano, ne l'at-elle pas élevé, lui-même et ses adhérens, aux postes qu'ils occupent ? D'ailleurs, ne sont-ce pas les hommes de la communion politique de Narvaez qui firent un colonel de Zurbano, alors que sa tête devait tomber sur un échafaud ? Plus tard, quand il passa sucessivement aux premiers grades de l'armée, n'est-ce pas en se mettant à la dévotion du fameux Espartero, révolutionnaire au même titre que Narvaez ? Les *modérés*, qui se baignent aujourd'hui dans le sang, n'appelèrent-ils pas Zurbano le *héros de la Rioja*, ne préconisèrent-ils pas ses funestes exploits, ne le chamarrèrent-ils pas de décorations ? Enfin, n'est-ce pas sous la régence de Christine que fut accordée à Zurbano la superbe propriété d'Imas, propriété digne d'un prince, et cela, disait-on, en rémunération de ses éclatans services !

Il est donc bien vrai que la révolution seule a pu tirer Zurbano de l'infamie qui lui était due pour l'élever aux plus hautes dignités militaires ; mais, quoi qu'en dise Narvaez, c'est la même révolution que celle qui dure encore, et c'est elle, par conséquent, qui est responsable du scandale de son élévation !

Le nom de *Zurbano* n'est guère connu que dans le langage officiel. Lorsqu'au commencement de la dernière guerre, il fallut parler de lui dans les bulletins de l'armée, on ne savait pas, dans son pays même, de quel individu il était question. Dans toute la Rioja, on ne l'appelle que *Martin*. Quand, plus tard, le hardi fraudeur a été métamorphosé en colonel, en général même, il est toujours resté Martin. D'ailleurs, il a renoncé lui-même au titre auquel son rang lui donnait droit, et on l'a entendu plusieurs fois tancer vertement ses anciens amis qui le qualifiaient de *don* Martin. Quand pareille irrévérence était commise par des personnes qui, sans le connaître particulièrement, avaient affaire à lui, quelques coups de pied alternés de coups de fouet les avertissaient de leur faute.

Dans la Navarre, Martin n'est connu que sous le nom de *Varea*, nom d'une métairie qu'il habitait avant la guerre. Située à une petite demi-lieue de Logrono, sur la rive droite de l'Ebre, la position de Varea était admirablement choisie pour faire la fraude, au temps où les lignes de douanes, aujourd'hui portées sur les Pyrénées, étaient encore sur ce fleuve.

Issu d'une famille pauvre et obscure, et avec des instincts de brigandage, Martin semblait prédestiné au coupable trafic de la contrebande, auquel l'appelaient, du reste, les exemples de son père qui, lui aussi, fut contrebandier, mais moins hardi et bien moins célèbre. Martin suivit, dès son jeune âge, les traditions paternelles ; élevé dans ce rude métier, il en embrassa avec ardeur les fatigues et les périls, comme aussi les habitudes vicieuses et criminelles.

Lorsque la Navarre jouissait de la plénitude de ses *fueros* (priviléges), le sel y était un article de commerce

licite , tandis que dans la Rioja comme dans le reste
de l'Espagne, le gouvernement en avait le monopole. De
là l'énorme différence du prix du sel dans les deux pays ;
de là aussi la prédilection de Martin pour la fraude du
sel, dont les gains considérables excitaient sa cupidité.

A la contrebande d'importation du sel , Martin , en
commerçant habile , et pour doubler ses profits , avait
joint une exportation frauduleuse.

Bien que la Navarre ait toujours été peuplée de nom-
breux troupeaux de *mérinos*, ceux de la Castille y étaient
recherchés à cause de la modicité de leur prix et de
l'excellence de leur laine. Martin se chargeait donc de
fournir à la Navarre des *mérinos* castillans. Si l'Ebre
était guéable, l'émigration de ces animaux s'opérait tout
simplement sur des charrettes , bien que ce passage ne
fût pas sans péril, quelque connaissance que Martin eût
des gués , à cause de l'altération que la crue des eaux
apporte au lit du fleuve. Mais si les eaux grossies ren-
daient ce passage impossible, les fraudeurs construisaient
de petits canots de branchages ingénieusement entrelacés
et calfatés avec des herbes. Alors , l'opération était
presque désespérée ; les courans du fleuve entraînaient
au hasard les frêles chaloupes, sans rames, sans gouver-
nail , à la merci des flots qui , souvent , les faisaient cha-
virer ou retourner sur le rivage d'où elles étaient parties ;
et bien peu traversaient heureusement les courans qui les
portaient au loin. Heureux encore les contrebandiers ,
quand ils n'avaient point à lutter contre d'autres obsta-
cles que ceux du fleuve !

Dans ces audacieuses entreprises, Martin était secondé,
on le sent bien, par des gens de son étoffe.

A cinq lieues de Logrono , lorsque vous descendez
l'Ebre , vous trouvez , sur la rive droite du fleuve un
bourg appelé Alcanadre. Les habitans d'Alcanadre
sont presque tous contrebandiers et voleurs. On dit

en France que l'Espagne est le pays des proverbes ;
en voici un qui trouve une parfaite application chez les
habitans d'Alcanadre : *De contrabandista á ladron
no hay mas que un escalon* (De contrebandier à larron
il n'y a qu'un échelon). Il n'y a pas en Espagne un en-
droit qui fournisse aux *presidios* (travaux forcés), à
l'échafaud, un contingent aussi élevé que Alcanadre.
Les habitans, même aisés, y sont d'une férocité de mœurs
indigne de notre siècle. Ce n'est qu'en tremblant qu'on
rencontre ces braves gens sur les routes. On ne saurait
expliquer que par les habitudes de contrebande l'existen-
ce d'un pareil repaire de bandits au milieu d'un pays tel
que la Rioja, dont les habitans, bien que remuans, sont
honnêtes et loyaux.

On comprend, d'après ce que je viens de dire qu'Alcanadre avait le privilége de donner des associés à
Martin.

Varea, résidence de Martin, était un lieu favorable à
la fraude ; mais, à cause de sa situation dans une plaine
fertile et riante, entouré de vignes, d'oliviers et d'ar-
bres aux fruits savoureux, Varea était aussi une sorte
de guinguette, où quelques habitans de Logrono
aimaient à aller parfois en partie de plaisir. Mais
c'était surtout un lieu où l'orgie régnait en permanence,
où tout ce que Logrono renferme de gens tarés et
corrompus se donnaient rendez-vous pour se livrer sans
frein au jeu et à la débauche. Au retour de ses expéditions nocturnes, Martin allait présider à ces assemblées
dissolues ; il y était surtout fort applaudi quand il amu-
sait l'auditoire au récit de mille anecdotes brutales et
obscènes, assaisonnées de jurons et de blasphêmes.

Rien n'égalait, en effet, l'immoralité, le cynisme de
cet homme ; la vie licencieuse qu'il a menée avait laissé
sur son visage d'horribles traces et miné sa santé par d'af-
freuses maladies. Quoique déjà sur le déclin, Martin

n'était cependant pas très âgé : il avait cinquante-six ans , sa taille était au-dessus de la moyenne, quoiqu'un peu voûtée ; aussi ne portait-il jamais la tête haute. Ses traits étaient durs, sa voix rauque, son regard farouche; enfin , sa physionomie sauvage reflétait fidèlement toute la méchanceté de son âme.

Martin fit long-temps la fraude sans s'enrichir. Il fallait beaucoup d'argent pour acheter la complaisance des *guardas* et *carabineros* (douaniers), et quand ceux-ci , convaincus de s'être laissé corrompre , étaient cassés ou changés de district, il fallait acheter les nouveaux venus. Quant les *carabineros* résistaient aux moyens de captation , ils portaient de rudes coups au trafic de Martin. Le plus souvent , il en était quitte pour perdre ses marchandises ; mais il savait se dédommager de ces pertes sur les routes de Nagera , de Haro et de Miranda.

Ces trois villes, notamment Haro , sont renommées pour leurs grandes foires , qui sont les plus fréquentées du nord de l'Espagne. Des marchands, des voyageurs espagnols , des Français méridionaux, surtout des marchands de mules, affluent à ces foires. Quand Martin n'était pas sous le coup d'une accusation qui l'obligeait à se cacher, il s'y rendait exactement. Escorté par sa petite phalange d'Alcanadre il parcourait le champ de foire , épiant les marchands et supputant les produits de leur trafic. Au retour , malheur à ceux qui avaient réalisé de gros bénéfices !

Le nom de Martin était mêlé à tous les forfaits commis dans la contrée; tous les vols se faisaient de compte à demi avec lui, et la clameur publique le désignait toujours comme l'instigateur et le recéleur des criminels,lors même qu'il ne payait pas de sa personne dans l'exécution du crime.

Les affaires les plus lucratives pour lui étaient celles dans lesquelles il s'associait à d'autres bandes de fraudeurs , qui , n'ayant pas une si parfaite connaissance des bords de l'Ebre , réclamaient ses services , lesquels leur coûtaient souvent bien cher.

Un jour , voulant passer en fraude une grande quantité de marchandises de haut prix , une maison de commerce de Madrid s'adresse à Martin. Celui-ci, d'abord , soulève des difficultés, puis finit par demander vingt onces d'or pour suborner les douaniers (une once vaut 84 fr.). L'argent est compté sur-le-champ , et Martin répond du succès ; le passage doit s'opérer par le gué de Agoncillo. Au jour indiqué, les contrebandiers et les mules chargées se tiennent cachés dans une bergerie sur la rive gauche de l'Ebre. Le moment critique arrive enfin, le fleuve reçoit le cortège silencieux; mais, contre-temps fâcheux ! les douaniers arrivent en force... Martin avait tout simplement trahi ses associés, et, par un double jeu, avait exploité ceux-ci et joué les douaniers. Mettant à profit la diversion sur Agoncillo , un convoi de ballots passait en toute sûreté l'Ebre pour son compte, vers Mendavia.

Quelque temps après , il était pris lui-même. Cette saisie dans laquelle , sentant sa riche proie lui échapper , Martin résiste aux douaniers et échange quelques coups de feu avec eux, le jette pour la quatrième ou cinquième fois dans la prison de Logrono. C'est là que la révolution va le chercher pour en faire un officier. O infamie ! Nous ne voulons pas nous appesantir sur ce fait avilissant, il n'a pas besoin de commentaires ; d'ailleurs on pourrait croire que nos réflexions sont empreintes d'esprit de parti. Mais qu'il nous soit permis de protester ici contre les épithètes flétrissantes dont les libéraux espagnols ont honoré leurs adversaires les royalistes. Non ! les défenseurs de Charles V ne se sont pas servi de pareils auxiliaires; ils avaient le sentiment de leur force, ils avaient la conscience de la justice et de la nationalité de leur cause, ils auraient rougi de la servir en employant de tels moyens ! (1)

Le bandit débute dans sa nouvelle carrière par une insigne félonie, par un prélude digne de lui. Soit que Martin voulût donner des gages à la révolution, soit qu'il s'inspirât de la haine profonde qu'il porte aux ministres de la religion, il se rend au couvent des Franciscains et demande une entrevue aux moines. Il parle de ses sympathies pour les royalistes, il proteste de son dévouement au roi Charles V, à la défense duquel il veut consacrer sa vie; il vient prendre conseil. Les moines ne sont pas dupes des faux semblans de royalisme de ce Judas ; ils le renvoient prudemment sans se prononcer. Mais cet homme déloyal, pour perdre les religieux, ne recule pas devant une insigne calomnie : il les accuse de conspiration, et le gouvernement, digne de son nouveau serviteur, les exile sur ce prétexte mensonger.

L'officier improvisé forma une petite bande composée de gens de sa trempe, et se mit en campagne contre les royalistes. Etranger à l'art militaire, il ne veut pas admettre sous son drapeau des hommes qui aient servi ; il lui faut des soldats façonnés à ses allures : il les recrute parmi ceux qui, suivant son expression, sortent des *colléges*, qualité indispensable, disait-il avec impudence, pour servir sous ses ordres. Or, pour lui, les *colléges* ce sont les *presidios* (galères).

Quant à sa stratégie, il ne se met pas en frais d'imagination : il applique tout simplement à la guerre le système de ruses et de brigandages employé dans la contrebande. Mais cette fois l'impunité lui est garantie par les

(1) Les généraux Zaratiegui et Elio, lors de leur expédition dans la Castille, dédaignèrent les services des forçats qui se trouvaient à Valladolid. Seulement, un petit nombre d'entr'eux, détenus pour causes politiques, prirent place dans les rangs de l'armée royaliste.

ministres d'Isabelle II ; ses atrocités seront même quali-
fiées d'héroïsme.

La bande de Martin, à son origine, ne dépassait guère
une douzaine d'hommes ; avec cette poignée de pillards ,
il inaugura sa campagne par de petits coups de main ,
par des surprises nocturnes, par l'arrestation de quelques
individus de l'armée royaliste,éparpillés dans les villages
et séparés de leurs bataillons;enfin par la mise en œuvre
de tout ce que la guerre de partisans peut offrir de petit,
d'ignoble et d'odieux.

L'usurpation , dans la première période de la guerre,
n'étant accoutumée qu'à des échecs , exalte d'abord les
services de Martin et lui décerne de petites ovations
quand, dans une course nocturne , il a surpris et massa-
cré tantôt un employé des finances en tournée ; tantôt
deux ou trois volontaires alavais en permission ou con-
valescens dans leurs familles ; tantôt, et le plus souvent,
des bourgeois , des ecclésiastiques inoffensifs , dont tout
le délit est d'avoir des opinions royalistes , ou , ce qui
revient au même pour Martin, d'avoir de l'argent.

La horde du bandit se grossit de quelques jeunes gens
bien nés de la Rioja ; mais qui, professant des opinions
libérales, ne rougissent pas de combattre les carlistes sous
un pareil chef. Leur conduite ne peut s'expliquer que
par la rivalité que la Rioja a portée de tout temps au
bays basque à cause de ses *fueros* (priviléges). Pour les
Riojanos, il ne s'agissait pas de vider une querelle entre
l'usurpation et la légitimité : la guerre n'était pas à leurs
yeux une lutte dans laquelle la révolution et la monarchie
fussent aux prises. Ils n'y voyaient que la Navarre et la
Rioja se livrant bataille. La Navarre et les provinces
basques étaient en armes, il fallait leur opposer une Rioja
en armes aussi ! Cet antagonisme est si vivace, si profond,
qu'on a souvent entendu dire à quelques habitans de la
Rioja , que si la Navarre et les provinces basques eussent

défendu Isabelle , ils se seraient , eux Riojanos , rangés du côté de Charles V. (1) Et pourtant , le pays basque et la Navarre , quoi qu'en disent leurs rivaux, ne partagent pas ces jalousies de province à province.

C'est pour Charles V, roi légitime de l'Espagne, expression vivante de la religion et de la monarchie , que ce pays indomptable a prodigué son sang. C'est Charles V, nom plein de magie ! qui , du fond de la France, règne sur les cœurs des Basques-Navarrais comme sur ceux de l'immense majorité des Espagnols. Les fueros, ils ne s'en soucient pas ; dans certaines contrées, ils ne les comprennent même pas. Parlez-en à un paysan navarrais , il ne saura ce que vous voulez dire. Nous pourrions apporter mille preuves à l'appui de notre assertion. On connaît l'échauffourée de Munagorri; on sait que ce soi-disant défenseur des fueros ne trouva aucun écho , et qu'il devint la risée du pays. Ce trait caractéristique est suffisamment connu ; nous nous dispenserons de le développer. Revenons à Zurbano.

Si la bande de Martin grossissait , son courage n'augmentait pas en raison directe de ses forces. Son plan de campagne était invariablement le même. Ne vous figurez pas qu'il ira loyalement attaquer les carlistes ; ce n'est pas là son rôle. Il trouvera plus commode de continuer les surprises, et quelques imprudens expieront cruellement la faute d'avoir quitté leur corps.

On sait que Logrono a été le point de départ des expéditions de Martin ; mais cette place , située à l'un des angles des lignes militaires, ne présente pas une position

(1) Qu'on ne se figure pas que cette animosité soit générale, et que la Rioja est un pays libéral. Ce pays, au contraire , est royaliste , et des Riojanos braves et loyaux ont versé leur sang pour Charles V.

centrale telle qu'il la désire. Vittoria , Penacerrada sont plus au cœur du pays. Cette dernière place est un bourg insignifiant, et n'a d'importance qu'au point de vue militaire. Les christinos tenaient beaucoup à sa conservation qu'ils croyaient nécessaire pour dominer le pays situé entre Logrono et Vittoria, et surtout pour assurer les communications entre ces deux capitales.

Stationné tantôt à Penacerrada , tantôt à Vittoria , Martin faisait des pointes dans le pays occupé par les troupes royalistes. Le résultat en était toujours le même : la surprise nocturne des carlistes qui se trouvaient disséminés.

Plus tard , la bande de Martin commence à faire des recrues dans l'armée royaliste ; mais quelles recrues ! Tous ceux qui ont besoin de se soustraire à la sévérité des lois militaires, toute la lie , enfin , du camp carliste passe du côté du brigand qui offre un asile aux voleurs et protège le crime.

On conçoit que l'appât du pillage , l'impunité qu'il garantissait , la licence effrénée qu'il prêchait (1) et dont il donnait l'exemple, devaient naturellement lui attirer une foule d'aventuriers , de misérables et de gens sans aveu, qui , sans convictions politiques , incapables d'éprouver les nobles sentimens qui font naître les grandes actions , ne voient dans la guerre qu'une occasion de s'enrichir par le crime avec impunité. Bien que d'origines diverses, les compagnons de Martin se rencontraient tous dans un intérêt commun , la licence ; ils n'avaient, de part et d'autre , ni les vieux maraudeurs, ni les déserteurs du camp carliste , rien à se reprocher.

Loin de chercher à faire oublier son passé, loin de

_____

(1) Voici un symbole qu'il se plaisait à rappeler à ses soldats à leur arrivée dans une ville : *Robar y matar , y no hacer mal à nadie.* (Voler, tuer, et ne faire tort à personne.)

rougir de son origine, loin de s'efforcer de se mettre à la hauteur de son nouveau rang, Martin faisait parade de ses brigandages ; il affichait publiquement ses crimes passés, ses tristes prouesses et son immoralité. Il éprouvait un sentiment d'orgueil d'avoir été contrebandier et brigand, et, malgré la transition si brusque opérée dans sa position, il s'appelait toujours *Martin Varea*. Cette dénomination favorite témoignait de son dédain pour toutes les habitudes que commandent les convenances, l'éducation et le rôle qu'on voulait lui faire jouer.

On avait eu beau faire de Martin un officier supérieur, rien n'avait été changé en lui, ses mœurs n'avaient reçu aucun adoucissement. Les plus doux sentimens de la nature étaient un crime à ses yeux.

Dans l'été de 1857, un de ses soldats eut un congé de quelques jours pour aller voir sa mère qui demeurait à Haro. Un soir, comme la pauvre femme entretenait son fils des chagrins que lui causaient sa position et l'isolement où elle vivait, on entend retentir à la porte le bruit d'un fusil : c'était un militaire appartenant aux troupes du général carliste Zaratiegui. Passant aux environs de la ville, il venait, lui aussi, embrasser sa mère désolée. Les deux frères, étant en présence, sentent bouillonner en eux les haines politiques ; ils échangent un regard terrible, et, par un mouvement spontané, ils arment leurs fusils et se couchent en joue. Essayer de peindre l'angoisse de cette mère infortunée serait inutile : par un élan d'amour maternel, elle se jette au milieu des combattans, se débat contre les efforts qu'ils font pour se joindre et se donner la mort... Cette scène affreuse est trop forte pour son cœur ; elle finit par tomber en défaillance au milieu d'eux. Ce spectacle arrête les fratricides ; ils se réunissent pour donner des soins à leur mère qui ne tarde pas à revenir à elle pour recevoir ses enfans dans ses bras. Cette scène émouvante eut un grand retentissement, et lorsqu'après avoir quitté son frère, qui de son côté rejoignit son corps, le soldat christino se présenta dans la colonne de Martin, ce chef dénaturé lui fit administrer cinq cents coups de bâton en punition, dit-il, de sa lâcheté.

La nouvelle position de Martin, au lieu de lui inspirer quelque dignité et d'adoucir son humeur sauvage et féroce, semblait, au contraire, lui inspirer une rudesse nouvelle. Ignorant et brutal, il affectait un souverain mépris pour ceux qui avaient quelqu'instruction. Il avait surtout pour la langue latine une antipathie singulière, et, bien que les étudians de la Rioja qui servaient sous lui, prissent soin de se façonner à ses mœurs barbares, il ne pouvait leur pardonner d'avoir appris le latin. C'était le plus sanglant reproche, le sarcasme le plus amer qu'il pût leur adresser lorsqu'ils avaient des velléités d'humanité.

Les opinions royalistes de don Anacleto Jover, jeune avocat de Valladolid, l'avaient amené dans le pays basque. Ayant quitté, pour se rendre à Estella, le bataillon de volontaires de Madrid dans lequel il servait, si notre mémoire ne nous est infidèle, Jover tomba entre les mains de Martin. Dépouillé de tous ses vêtemens, il était en butte aux plaisanteries grossières des soldats, parce qu'il grelottait de froid. Un des officiers christinos, qui avait été à Villadolid le condisciple de Jover, le reconnut et lui procura quelques vêtemens. Martin, survenant, gourmanda l'officier à cause de ce bon souvenir de l'Université, et l'accusa de connivence avec les carlistes. Par ses ordres, et *parce qu'il avait étudié le latin*, Jover fit la marche avec les autres prisonniers, mais en chemise.

Martin ne prenait nul souci de rendre moins repoussant son extérieur si peu agréable. Son costume sale et nauséabond était toujours le même : une veste de peaux d'agneaux qu'il portait pour passer, à minuit, les gorges d'Alava comme pour se promener, à midi, dans les rues de Vittoria.

A propos de droits d'octroi, des troubles ayant éclaté à Zamora, Martin fut chargé par Espartero de les réprimer ; il se rend dans cette ville où la triste renommée dont il jouit attire près de lui une foule avide de le voir. Bien que déjà général, il portait l'inévitable veste de peau. Frappé de son allure rustique, un imprudent s'écrie : *Parece un pastor !* (Il a l'air d'un berger !) Ce mot plein de justesse ayant été entendu du colérique Martin, il se rua sur le pauvre diable et l'accabla de coups.

La troupe dont Martin était général s'élevait à peu près à la force d'un petit bataillon. Elle ne fut jamais pliée à la discipline : point d'uniformité, nulle subordinations, aucune régularité dans le mode de toucher la solde, rien de ce qui constitue un corps militaire.

Quant aux faits d'armes de cette troupe indisciplinée et de son chef, ils sont toujours sans intérêt, sans mérite et sans éclat. Il ne faut pas s'attendre à les voir sortir des ruses, des surprises de nuit et des coups de main sans danger. Martin n'a goûté aucun des charmes de la guerre; l'amour de la gloire lui était inconnu ; sa gloire, à lui, était le butin, encore préférait-il celui qu'il ramassait sans combattre.

Rien n'est plus monotone que ses expéditions dont la seule variété est dans la différence des lieux et dans les noms des victimes. Une nuit, il surprendra à Bernedo un détachement de douaniers; mais, aux premiers rayons du soleil et avant que l'alerte puisse être donnée aux bataillons carlistes les plus rapprochés, il courra se renfermer dans la place de Penacerrada. Une autre nuit, la Llanada sera témoin de l'arrivée de Martin au milieu de quelques volontaires carlistes alavais, que la célébration d'une fête populaire a réunis dans le village, et qui seront

surpris en sérénade, au bal, la plupart dans leurs lits.
Avant que les premières forces carlistes puissent arriver,
Martin se mettra avec ses prisonniers sous la protection
du canon de Vittoria.

Un malheureux blessé, un pauvre malade, va recevoir
dans sa famille les soins que réclame son état : le visiteur
nocturne ira l'enlever pour le conduire dans les hôpitaux
de Vittoria, si, toutefois, il ne trouve plus expéditif de
s'en défaire en chemin.

En un mot, le rôle de Martin est de balayer tout ce
qui, appartenant à l'armée royaliste, se trouve isolé et
sans moyen de défense.

Sa capture la plus importante par le nombre, est celle
d'une compagnie du 2e d'Alava surprise à Arlaban. Le
capitaine Cros qui la commandait, officier loyal, du reste,
et qui a toujours fait son devoir, négligea quelques pré-
cautions de prudence. Sa confiance indiscrète donna beau
jeu à Martin qui, sans coup férir, fit prisonniers le capitaine et toute sa compagnie.

Mais ce qui a fait le plus de bruit dans les exploits du
contrebandier, ce sont les arrestations des généraux
Verastegui et Iturralde.

Le premier de ces généraux, qui était président de la
junte d'Alava, se trouvait à Santa-Cruz de Campezo. Il
y fut saisi par Martin et conduit, ainsi que les siens, à
Vittoria. Les commandans Quesada, Canas et quelques
autres officiers, qui étaient de passage dans cette localité,
furent pris en même temps.

Iturralde, disgracié après l'accablant revers de Sesma,
se trouvait en résidence forcée à Zalduendo. Son arrestation fut opérée à peu près de la même manière que celle
de Verastegui. A l'aide d'une marche dérobée, selon son
habitude, dans le silence de la nuit, Martin fondit sur
Zalduendo. Le lendemain, Iturralde, son fils, sa femme
et leurs domestiques, entraient à Vittoria. Mme Iturralde

est d'abord rudoyée par Martin, à qui elle fait quelques observations sur ses brusqueries inconvenantes envers le général. Mais la fière contenance de dona Nicolasa, véritable amazone, lui en impose ; il finit par lui dire presque galamment qu'il lui est loisible de rester ou d'accompagner son mari. C'est au dernier de ces partis que Mme Iturralde donne la préférence.

L'entrée à Vittoria s'opère au milieu d'une foule morne et silencieuse, qui, du fond du cœur, déplore la fatale destinée du général.

Il se trouva néanmoins quelques patriotes assez lâches pour oublier combien le malheur est vénérable. Après avoir hué, conspué le général, les misérables ne voulaient pas s'en tenir là, et ils se seraient sans doute livrés aux voies de fait sans l'énergique intervention de Martin.

Celui-ci et les siens regardaient comme un privilége exclusif le droit de maltraiter les prisonniers. Son fils Benito, ce malheureux jeune homme qui fut l'une des victimes expiatoires de la dernière échauffourée de son père, avait quelquefois poussé la barbarie jusqu'à exercer son adresse à la lance et essayer la bonté de son arme sur les prisonniers.

Cette fois, et par exception, les carlistes étaient protégés par Martin. Les infortunés tremblaient pour leurs vies au souvenir des horreurs commises par les révolutionnaires dans l'intérieur de la Péninsule ; mais Martin les rassura en disant à ces forcenés : « Si vous voulez » vous amuser avec les prisonniers, il faut savoir les » prendre. »

Voilà, au dire même des amis de Martin, les plus belles pages de sa vie militaire. Au reste, cela est vrai, car toute la tactique de Martin reposait sur la bonne organisation d'un système d'espionnage dont il comprenait l'importance dans une guerre pareille. Aussi avait-il établi la corruption, l'espionnage et la terreur sur la plus grande échelle ; ce furent ses plus puissans moyens d'action.

Le gouvernement de Madrid lui donnait , du reste , toutes sortes de facilités et d'encouragemens. Il l'avait émancipé du contrôle et des ordres des commandans de province. Sous le double rapport de la guerre et des finances, Martin exerçait une autorité sans limites. Faisant peser sur les populations les exactions les plus exorbitantes , il frappait d'énormes amendes les propriétaires et les rançonnait sans merci. Gorgé de richesses , il les prodiguait à pleines mains à ceux qui le servaient. (1)

On conçoit, dès-lors , ses succès en fait d'espionnage. Il connaissait tous les mauvais sujets du pays , les gens qui ont tout à gagner dans les troubles politiques. Par leurs rapports , aucun des mouvemens de l'armée royaliste ne lui échappait ; il connaissait toujours le côté vulnérable que les opérations militaires laissaient découvert. Il ne lui fallait donc pas un grand talent militaire pour concevoir ces coups de main qui ont fait tant de bruit.

Quant à leur exécution , ces excursions n'offrent non plus rien de très surprenant. La colonne de Martin , composée d'hommes du pays rompus à la fatigue, accoutumés à gravir les montagnes , était très propre à cette . guerre de surprises qu'il avait toujours soin de faire en l'absence des bataillons carlistes , alors qu'il n'y avait aucun danger d'attaquer leur camp. Le coup exécuté , il n'était nécessaire que d'avoir de bonnes jambes pour gagner les remparts de la place la plus voisine , avant que l'éveil fût donné aux carlistes. Ce qui favorisait quel-

____

(1) On se ferait difficilement une idée du luxe qu'étalaient ces bandits. Un grand nombre d'entre eux portaient à leurs gilets , en guise de boutons , quatre et même six douzaines de doublons disposés en lignes serrées.

quefois l'exécution des entreprises de Martin, c'était que les siens portaient aussi le petit béret rouge, *boina*, (1) que l'illustre Zumalacarregui avait adopté pour l'armée royaliste; cette circonstance occasionna parfois de regrettables méprises.

A l'aide de cette coiffure, qui assimilait ses soldats à leurs adversaires, Martin parvint un jour à se faufiler dans les rues de Los Arcos ; mais ce stratagème fut découvert par le vaillant Osma qui commandait en cette ville un détachement de cavalerie et quelques fantassins. Osma, se retranchant dans une auberge, se disposait à une vigoureuse défense ; mais ces dispositions furent inutiles : Martin, n'ayant pas osé forcer le *meson* (auberge), battit en retraite aux premiers coups de fusil, n'emportant que la honte de n'avoir pu entamer, quoique surprise, une poignée de braves. Le général Garcia accourut de Cirauqui pour dégager Osma, mais avant qu'il fût arrivé à Estella, il reçut la nouvelle que le lâche contrebandier avait pris la fuite, et avait déjà dépassé Las Villas, village entre Viana et Los Arcos. Garcia ne crut pas nécessaire de courir après ces fuyards.

Les vicissitudes de la guerre devaient pourtant amener Martin à combattre les carlistes en face. Deux fois il s'est trouvé entraîné sur les champs de bataille, mais ce fut pour se couvrir d'ignominie.

Lorsque, dans l'été de 1837, le gros des armées belligérantes quitta le théâtre habituel de la guerre pour entreprendre des expéditions vers d'autres provinces de la monarchie, la lutte changea de face dans la Navarre et

---

(1) La *boina* était, par sa légèreté, fort convenable aux troupes destinées à faire la guerre dans les montagnes. Quelques généraux de l'armée de Christine, appréciant les avantages de cette coiffure, eurent des velléités de l'introduire dans leurs troupes ; mais ce projet n'eut pas de suite.

les provinces basques. Les forces étant considérablement diminuées, le rôle de Martin parut un moment devoir changer aussi.

Pour seconder les opérations de la grande expédition carliste qui avait déjà passé l'Ebre, et faire diversion aux troupes d'Espartero, une seconde division commandée par les généraux Zaratiegui et Elio se jeta dans la Vieille-Castille. Le général baron Das Antas, qui commandait la légion portugaise, tâcha d'empêcher l'expédition de passer l'Ebre. Le combat s'engagea à Cembrana, et, malgré sa répugnance bien connue pour ces sortes d'affaires et son adresse à les esquiver, Martin s'y trouva enveloppé. De part et d'autre on se battit avec opiniâtreté. Les Portugais, pour qui cette rencontre était la première et devait être la dernière, firent preuve de courage ; mais ils finirent par plier et furent mis en déroute malgré les efforts de leur cavalerie qui se comporta valeureusement. Et Martin ! ne voyez-vous pas combien sa contenance est embarrassée ! ne voyez-vous pas comme il est mal à l'aise ! Il ne faut pas s'en étonner, il n'est pas sur son terrain : les carlistes ne dorment pas ! Aussi cette journée mit à découvert sa profonde incapacité militaire.

Peu de temps après, l'affaire d'Ausejo en donna une nouvelle preuve.

Les christinos avaient à Lodosa, sur l'Ebre, une tête de pont fortifiée. Les généraux Garcia et Guergué essayèrent de s'en emparer. Martin, stationné à Alcanadre, qui n'est distante que d'une lieue de Lodosa, les laissait faire, et n'avait pas même envoyé un renfort.

Le général christino Ulibarri, étant venu rejoindre Martin, se mit en mesure de dégager les assiégés ; Garcia et Guergué, de leur côté, passèrent l'Ebre, et, après un combat assez vif, ils refoulèrent les christinos jusqu'à Ausejo. Ils firent à l'ennemi deux cents prisonniers du régiment de Saragosse. Ici encore, Martin fut le premier à fuir; son ardeur pour la course ne lui permit de prendre aucune mesure pour rétablir le combat. Dans cette journée, il échappa, comme par miracle, à un guet-apens qui faillit avoir pour lui des suites funestes.

Martin avait dans sa troupe un certain Matias, de Cirauqui, qui avait été espion de Zumalacarregui. Après la mort de ce général, Matias mena une vie fort déréglée et finit par être arrêté comme prévenu de vol. Il s'évada de la prison d'Estella et passa du côté de Martin, qui fut fort empressé d'accepter ses services. Cependant, Matias regrettait de se trouver opposé aux carlistes qu'il avait long-temps servis, et pour rentrer en grâce auprès d'eux, il méditait une nouvelle trahison. La déroute d'Ausejo lui parut une occasion favorable : quand il vit les christinos en fuite, poursuivis, la baïonnette dans les reins, par les carlistes, il tira sur Martin un coup d'espingole chargée de plusieurs balles et presque à brûle-pourpoint. Mais, n'ayant pas eu assez d'aplomb, il visa trop bas et n'atteignit que la jument qui tomba raide morte. Martin en fut quitte pour la frayeur, (1) et Matias piqua des deux pour passer, ou plutôt pour repasser aux carlistes. Mais

---

(1) Il n'est pas sans intérêt de rapprocher ici notre héros de celui de la dernière insurrection d'Alicante, le fameux Bonet. L'histoire de Bonet et celle de Martin ont plus d'un point de contact. La ressemblance de leur vie, de leur position, de leur fin est singulière. Comme Martin, Bonet fit une guerre de partisan. La guerre finie, tous les deux eurent à peu près une mission semblable : celle de réprimer la contrebande ; et, pour dernier et plus frappant trait de similitude, tous les deux se sont jetés dans des entreprises révolutionnaires, dont les causes, le drapeau, le but et l'issue ont été les mêmes. Comme Martin, Bonet reçut aussi un coup de feu d'un des siens ; mais Goni eut plus de sang-froid que Matias : il fracassa un bras à Bonet, qui plus tard devait tomber, à Alicante, sous le plomb meurtrier des soldats de Roncali, comme Martin sous celui des soldats de Villalonga, à Logrono.

il fut déçu dans son espoir : les carlistes ne voulurent
point de lui.

Voilà l'exposé succinct, mais véridique, des prouesses
de Martin. Voilà, sous son véritable jour, l'homme qu'on
a appelé *héros* et *vaillant capitaine*. (1)

De ce que les faits d'armes de Martin , envisagés au
point de vue militaire , soient sans grandeur , il ne
faut pas cependant conclure qu'ils aient été stériles. On
ne saurait se faire illusion sur ce point : Martin a rendu
de très grands services à la cause de la révolution espa-
gnole. (2)

Cette guerre, faite par un ennemi insaisissable qui
ne permettait jamais aux carlistes de prendre leur re-
vanche , a été souvent funeste à ces derniers.

Les bataillons alavais furent horriblement décimés par
Martin , et le deuxième fut presque réduit à l'état de
cadre.

Lorsqu'il s'agissait de faire un échange de prisonniers , un grand nombre , quelquefois les deux tiers , de
ceux que les christinos avaient à présenter , ils les devaient à Martin.

Mais ce ne sont pas là les causes de sa célébrité : il la
doit plutôt aux horreurs qu'il a commises , au sang qu'il
a répandu, à la misère, au deuil dans lequel il a plongé

(1) C'est ainsi que le *Journal des Débats* le qualifiait ; mais,
depuis, il l'a appelé par son vrai nom, c'est-à-dire *monstre*.

(2) Les christinos étaient si pénétrés des avantages du système
de Martin , qu'ils essayèrent de le généraliser. A Pampelune , à
Saint-Sébastien , à Bilbao , on organisa des partis destinés à
parodier Martin. Mais comme tout tenait à des circonstances
purement locales, la contrefaçon tourna au ridicule. Seulement,
à Pampelune, un certain Urban, dit *Mochuelo* (Chouette), obtint
quelques succès et semblait destiné à faire le pendant de Martin;
mais il resta autant au-dessous de Martin que la *chouette* est in-
férieure au *hibou*.

des milliers de familles. Voilà ce qui a fait un nom à Martin.

Chacune de ses courses dévastatrices était marquée par de nouvelles atrocités. Rien ne trouvait merci auprès de lui, ni le malheur, ni la faiblesse, ni la souffrance. On le vit plusieurs fois égorger les prisonniers rien que pour satisfaire sa soif de sang. Bernedo, village d'Alava, gardera long-temps le souvenir sanglant de son inhumanité.

Quelques douaniers alavais, qui faisaient le service d'un avant-poste, gênaient beaucoup les mouvemens de Martin, qui tâcha de les surprendre. S'étant retranchés dans une grange, ils percèrent des meurtrières dans le mur et se défendirent bravement. Martin, n'osant forcer leur retraite, ordonna d'y mettre le feu ; mais comme personne des siens ne pouvait approcher de la grange sans y trouver la mort, il fit prendre parmi les paysans des environs les parens des douaniers et ceux dont les fils servaient dans l'armée royaliste. Ayant rassemblé ces malheureux, il donna à chacun un fagot et les poussa en avant. Les douaniers, obéissant au devoir, font feu et étendent morts quelques-uns des objets qui leur sont chers. Cependant, à la vue de cet affreux spectacle, ils demandent quartier, et Martin le leur promet. Mais quand ils se sont livrés de bonne foi, il ne tient aucun compte de la capitulation et les fait égorger !

Martin aurait toujours voulu que la guerre fût sans quartier, et ne cessa jamais de maudire le commissaire britannique lord Eliot, par la médiation duquel elle fut régularisée.

D'ailleurs, il n'était pas fort soucieux de l'observance du traité. Quand il faisait quartier, c'est qu'il avait en vue l'échange des prisonniers ; autrement, il se jouait de la convention Eliot. L'art. 7 de celle-ci portait ce qui suit: « Chaque parti belligérant respectera religieusement et laissera en pleine liberté les blessés et les malades qu'il trouvera dans les hôpitaux , villages , villes , casernes , ou dans quelque lieu que ce soit , pourvu qu'ils soient munis d'un certificat d'un chirurgien de leur armée. »

On le voit , en l'absence de toute raison d'humanité , la teneur très explicite de cet article imposait l'obligation de respecter les blessés.

Eh bien ! voici un exemple , entre plusieurs , du respect de Martin pour cet article :

Maestu , bourg d'Alava , était l'hôpital des troupes carlistes de cette province. Le tigre s'y présenta en l'absence de toute protection armée , et massacra , avec une barbarie effroyable, le nombre de blessés qu'il plut à sa férocité. L'aumônier de l'hôpital lui-même, l'infortuné Veler, ne fut pas épargné ; il fut percé de mille coups, et son corps fut traîné dans les rues.

Le martyre de Veler n'est pas surprenant pour quiconque a connu Martin. On se ferait difficilement une idée de la haine qu'il portait aux ministres de la religion. L'horrible massacre de Pierola pourra en donner la mesure. Pierola est un couvent de Franciscains situé sur le revers méridional du mont de Urviso, en face de Santa-Cruz. Les religieux de Pierola vivaient selon l'esprit de l'Evangile, dans un désert , morts au monde , séparés des intérêts terrestres. N'ayant aucun contact avec les populations , on n'avait pas même le prétexte de les présenter comme conspirateurs. Mais qu'est-il besoin à la haine de colorer ses crimes ! Martin les fait égorger pour son plaisir ; tout ceux qui ne gagnent pas le fourré voisin sont impitoyablement massacrés par ce cannibale, et leurs cadavres jonchent les abords du couvent. Joignant le sacrilège à l'assassinat, ces modernes iconoclastes vont fusiller toutes les saintes images, qu'ils brisent et foulent aux pieds ; ils commettent, en outre, toutes les horreurs de la plus effroyable profanation.

Nous pourrions encore signaler d'autres actes monstrueux d'irréligion de cet homme. En voici un dernier trait bien caractéristique :

Comme il passait une fois à Santa-Cruz, de retour d'une expédition, une pauvre femme lui demande l'aumône. Martin, par boutade, lui donne une pièce de 5 francs. La malheureuse, rayonnante de joie, hors d'elle-même, lui dit : « Monsieur, Dieu vous le rendra. » Infortunée ! quel nom as-tu prononcé ! Ecumant de rage, laissant tomber de sa bouche les blasphèmes les plus impies, ce forcené se rue sur la pauvre créature, lui arrache son argent et l'accable de coups en s'écriant : « Je ne veux pas que ce soit Dieu, mais le diable qui me » le rende ! »

Vouloir passer en revue toutes les énormités commises par Martin, serait un travail trop prolixe et qui nous entraînerait hors du cadre de cet opuscule.

Nous nous bornerons à dire qu'il promenait la désolation partout où il posait son pied immonde. Si son mauvais génie ne trouvait pas de victimes à immoler, il fallait, néanmoins, que sa rage s'assouvît : à défaut de l'odeur du sang, il s'enivrait de la fumée de l'incendie. Les maisons étaient réduites en cendres, les champs rendus stériles ; témoin la fertile plaine d'Alava, qui dans l'été de 1859, au moment même de la récolte, ne présentait, dans un rayon de plusieurs lieues, qu'un vaste foyer d'incendie. Le nom seul de Martin inspirait la terreur aux paysans alavais, qui le regardaient comme le démon de la cruauté, du vandalisme et de l'impiété.

Brutal, intraitable, inaccessible à toute pensée de douceur, il ne permettait jamais qu'on lui fît la moindre observation, si juste et si équitable qu'elle fût. Plus la position sociale des personnes était élevée, plus il se plaisait à les accabler d'outrages. Les ecclésiastiques qui, comptant sur leur caractère sacré, espéraient le ramener à des sentimens de modération, étaient surtout l'objet des avanies de cet ennemi juré de la religion.

L'œil en feu , le blasphème à la bouche , il répondait à leurs instances en brandissant son épée ou son fouet. Sa logique était les jurons , son éloquence les coups.

L'affaire du négociant français Lefèvre , qui a eu tant de retentissement , peut donner une idée de la mansuétude de Martin. Etant arrivé à Gironne , il voulut loger ses soldats dans un établissement industriel appartenant à M. Lefèvre. Celui-ci , tout en déférant aux injonctions de Martin , lui fit quelques observations très légitimes et pleines de modération. Sans aucun égard pour l'âge de M. Lefèvre ni pour les services qu'il avait rendus au pays par l'établissement de vastes manufactures , Martin osa se livrer envers lui aux plus indignes voies de fait.

Les propres fils de Martin n'étaient pas mieux traités. Benito recevait souvent, et pour les motifs les plus légers , force coups et injures. Etant déjà capitaine , ce jeune homme rougissait de se voir traité d'une manière si avilissante. Un jour, exaspéré par ces mauvais traitemens, il alla jusqu'à dire à Martin que s'il n'était son père, il lui demanderait réparation. Martin mit l'épée à la main, ordonnant à Benito de se défendre. Le fer allait se croiser , et sans l'intervention des personnes qui furent témoins de cette scène épouvantable, cette vie criminelle aurait peut-être été terminée par un parricide.

Il nous reste à parler de la propriété que le gouvernement de Christine accorda à Martin à titre de récompense nationale.

Imas était un prieuré appartenant à la somptueuse abbaye d'Irache. Les religieux Bénédictins exploitaient eux-mêmes , et avec le plus grand soin , cette propriété qui, d'après les agronomes du pays, est un des meilleurs fonds de la Navarre. Sa superficie est des plus variées ; la Vega, plaine sur le bord de l'Ebre, est arrosée par un canal d'irrigation que les habitans de Mendavia ont tiré de ce fleuve. Cette propriété fertile embrasse un vaste champ d'oliviers qui forment un contraste agréable avec l'aridité du côteau dont elle est surmontée. Les pâturages de ce côteau sont renommés dans toute la Navarre ; on attribue leur excellence à une couche de salpêtre qui couvre la terre si abondamment dans certains endroits, qu'on peut la ramasser à pleines mains.

Rien ne pouvait être plus agréable à Martin qu'une pareille récompense, dont cependant il était si peu digne. Se mirant dans l'Èbre, en face d'Alcanadre, non loin de Varea, ce site fortuné résumait tout ce qui avait quelque charme pour Martin. Ses inclinations, ses habitudes, les souvenirs de sa jeunesse, tout y était réuni.

Nous croyons avoir fait fidèlement le portrait de Zurbano. Sa vie privée n'était guère connue, nous l'avons exposée. L'ayant pris dans le néant, nous l'avons suivi durant la guerre civile qui a ensanglanté notre pauvre patrie. Après s'être mis à la suite d'Espartero, dans l'orbite duquel il a roulé comme un de ses plus utiles satellites, Martin s'est fait un nom européen par un concours de circonstances inoui. Nous avons vu cette étrange fortune qui a fait d'un paysan, d'un contrebandier, d'un voleur de grand chemin, un général honoré d'une récompense nationale ! Heureusement pour la morale publique, cette fortune, comme celle d'Espartero, comme celle de la plupart des révolutionnaires et des impies, a été brisée sous les yeux mêmes de la génération qui l'a vue s'élever ; les crimes qui lui avaient servi d'échelons ont été vengés sur cette terre et par ceux-là même qui en ont profité. Notre confiance en la justice de Dieu nous fait espérer qu'elle ne laissera pas son œuvre incomplète.

M. Thiers appelait Espartero *Napoléon de comédie*, Diégo Léon était le *Murat espagnol*. Si, par une de ces péripéties si communes dans le pays des anomalies et de l'imprévu, la fortune de Martin l'avait amené au pouvoir, l'Espagne aurait pu avoir aussi son Robespierre.

FIN.